Mein erstes Tourenbuch

J. BERG

Das kannst du alles in diesem Buch entdecken:

Name: ....

....

So alt bin ich: ....

Hier wohne ich: ....

....

....

Meine Familie: ....

....

....

Mein Lieblings-Berg-Tier: ....

....

Meine Lieblings-Berg-Pflanze: ....

....

lieber Wanderer,

wenn du dieses Buch findest, bitte

sei so nett und schicke es mir!

MEINE TOUR

Hierhin bin ich gewandert: Kofel ....

An dem Tag war ich unterwegs: ....

So hoch und so weit bin ich gelaufen: ....

So lange habe ich gebraucht: ....

Kreuze das Wetter an!

Mit dabei waren: ....

....

Da habe ich Pause gemacht (kringele ein):

Das war lecker: ....

....

Das habe ich unterwegs entdeckt:

....

....

....

....

Das war ein bisschen doof:

Das fand ich super:

Hier kannst du ein Foto von der Tour einkleben oder etwas malen.

MEINE TOUR

Hierhin bin ich gewandert: ....

An dem Tag war ich unterwegs: ....

So hoch und so weit bin ich gelaufen: ....

So lange habe ich gebraucht: ....

Kreuze das Wetter an!

Mit dabei waren: ....

....

Da habe ich Pause gemacht (kringele ein):

Das war lecker: ....

....

Das habe ich unterwegs entdeckt:

....

....

....

....

Das war ein bisschen doof:

Das fand ich super:

Hier kannst du ein Foto von der Tour einkleben oder etwas malen.

Meine Tour

Hierhin bin ich gewandert: ....

An dem Tag war ich unterwegs: ....

So hoch und so weit bin ich gelaufen: ....

So lange habe ich gebraucht: ....

Kreuze das Wetter an!

Mit dabei waren: ....

....

Hier ist Platz für einen Hüttenstempel.

Da habe ich Pause gemacht (kringele ein):

Das war lecker:

Das habe ich unterwegs entdeckt:

Das war ein bisschen doof:

Das fand ich super:

Das habe ich auf der Tour sonst noch erlebt:

Hier kannst du Fotos von der Tour einkleben oder etwas malen.

Meine Tour

Hierhin bin ich gewandert: ....

An dem Tag war ich unterwegs: ....

So hoch und so weit bin ich gelaufen: ....

So lange habe ich gebraucht: ....

Kreuze das Wetter an!

Mit dabei waren: ....

....

Da habe ich Pause gemacht (kringele ein):

Das war lecker: ....

....

Das habe ich unterwegs entdeckt:

....

....

....

....

Das war ein bisschen doof:

Das fand ich super:

Hier kannst du ein Foto von der Tour einkleben oder etwas malen.

MEINE TOUR

Hierhin bin ich gewandert: ....

An dem Tag war ich unterwegs: ....

So hoch und so weit bin ich gelaufen: ....

So lange habe ich gebraucht: ....

Kreuze das Wetter an!

Mit dabei waren: ....

....

Hier kannst du ein Foto von der Tour
einkleben oder etwas malen.

Da habe ich Pause gemacht (kringele ein):

Das war lecker: ....

....

Das habe ich unterwegs entdeckt:

....

....

....

....

....

Das war ein bisschen doof:

....

....

Das fand ich super:

....

....

....

....

MEINE TOUR

Hierhin bin ich gewandert: ....

An dem Tag war ich unterwegs: ....

So hoch und so weit bin ich gelaufen: ....

So lange habe ich gebraucht: ....

Kreuze das Wetter an!

Mit dabei waren: ....

....

Da habe ich Pause gemacht (kringele ein):

Das war lecker: ....

....

Das habe ich unterwegs entdeckt:

....

....

....

....

Das war ein bisschen doof:

Das fand ich super:

Hier ist Platz für einen Hüttenstempel.

Das habe ich auf der Tour sonst noch erlebt:

Hier kannst du Fotos von der Tour einkleben oder etwas malen.

MEINE TOUR

Hierhin bin ich gewandert: ……………………………………………

An dem Tag war ich unterwegs: ……………………………………

So hoch und so weit bin ich gelaufen: ……………………………

So lange habe ich gebraucht: ………………………………………

Kreuze das Wetter an!

Mit dabei waren: ……………………………………………………

……………………………………………………………………

Hier kannst du ein Foto von der Tour einkleben oder etwas malen.

Da habe ich Pause gemacht (kringele ein):

Das war lecker: ....

....

Das habe ich unterwegs entdeckt:

....

....

....

....

....

Das war ein bisschen doof:

....

....

Das fand ich super:

....

....

....

....

Zehn Spiele für unterwegs

Dir ist beim Gehen langweilig? Du brauchst ein bisschen Abwechslung, Ablenkung und Ansporn zum Weitergehen? Möchtest du während des Wanderns ein wenig spielen oder Aufgaben lösen?

Hier sind ein paar Anregungen:

1 Abwechselnd mit euren Mitwanderern müsst ihr euch zusammengesetzte Namenwörter einfallen lassen. Das nächste beginnt immer mit dem letzten Wort des vorherigen. Also Pulverschnee, Schneeberg, Berggipfel, Gipfelbuch, Buchseite, Seiten… Ihr könnt auch nur Wörter sammeln, die alle z.B. das Wort Alm enthalten: Almhütte, Almwiese, Almhirte, Almkäse etc.

2 Lauf doch einfach mal anders, alle müssen mitmachen! Hüpf auf einem Bein, gehe rückwärts, humple ein Stück, galoppiere wie ein Pferd! Normales Gehen ist verboten.

3 Für dieses Spiel muss man die Augen offen halten. Jeder Mitspieler nennt eine Farbe und alle anderen müssen dann 10 Dinge finden, die diese Farbe haben.

4 Denk dir ein Tier aus. Die anderen müssen es in 20 Fragen erraten, du darfst aber nur mit Ja und Nein antworten.

5 Erzählt euch gegenseitig ein Fantasiemärchen. Aber jeder darf abwechselnd nur einen Satz sagen.

6 Man kann im Gehen »Stadt, Land, Fluss«, spielen, das funktioniert auch ohne Stift und Papier in einer Gruppe. Wenn der Buchstaben feststeht, darf einfach der Jüngste in der Gruppe anfangen. Der nächste braucht natürlich ein neues Wort für die Stadt (oder Land/Fluss). Am schwierigsten wird es dann für den Letzten sein.

7 Manchmal hilft es, wenn man sich selbst eine Aufgabe stellt. Du kannst z.B. beschließen, Steine zu suchen! Aber nur ganz bestimmte, z.B. nur solche, die weiß sind und aus Quarz bestehen, oder du suchst nur Herzförmige. Also: Augen auf beim Gehen und immer schön den Weg absuchen.

8 Such dir einen ordentlichen Wanderstock, der hilft beim Gehen!

9 Das Spiel gilt für alle: Ihr müsst euch ein Ziel setzen: Wer sieht den nächsten Wasserfall, Vogel, Pilz, Glockenblume, Ameise, …?

10 Okay, ziemlich banal, aber es wirkt: Zähl einfach mal deine Schritte. Wenn du bei 111 bist, hast du bestimmt schon wieder ein Stück des Weges geschafft.

MEINE TOUR

Hierhin bin ich gewandert: ....

An dem Tag war ich unterwegs: ....

So hoch und so weit bin ich gelaufen: ....

So lange habe ich gebraucht: ....

Kreuze das Wetter an!

Mit dabei waren: ....

....

Da habe ich Pause gemacht (kringele ein):

Das war lecker: ....

....

Das habe ich unterwegs entdeckt:

....

....

....

....

Das war ein bisschen doof:

....

....

Das fand ich super:

....

....

....

....

Hier kannst du ein Foto von der Tour einkleben oder etwas malen.

MEINE TOUR

Hierhin bin ich gewandert: ....

An dem Tag war ich unterwegs: ....

So hoch und so weit bin ich gelaufen: ....

So lange habe ich gebraucht: ....

Kreuze das Wetter an!

Mit dabei waren: ....

....

Hier ist Platz für einen Hüttenstempel.

Da habe ich Pause gemacht (kringele ein):

Das war lecker: ....

....

Das habe ich unterwegs entdeckt:

....

....

....

....

....

Das war ein bisschen doof:

....

....

Das fand ich super:

....

....

....

....

Das habe ich auf der Tour sonst noch erlebt:

Hier kannst du Fotos von der Tour einkleben oder etwas malen.

MEINE TOUR

Hierhin bin ich gewandert: ....

An dem Tag war ich unterwegs: ....

So hoch und so weit bin ich gelaufen: ....

So lange habe ich gebraucht: ....

Kreuze das Wetter an!

Mit dabei waren: ....

....

Da habe ich Pause gemacht (kringele ein):

Das war lecker: ....

....

Das habe ich unterwegs entdeckt:

....

....

....

....

Das war ein bisschen doof:

Das fand ich super:

Hier kannst du ein Foto von der Tour einkleben oder etwas malen.

MEINE TOUR

Hierhin bin ich gewandert: ....

An dem Tag war ich unterwegs: ....

So hoch und so weit bin ich gelaufen: ....

So lange habe ich gebraucht: ....

Kreuze das Wetter an!

Mit dabei waren: ....

....

Da habe ich Pause gemacht (kringele ein):

Das war lecker: ....

....

Das habe ich unterwegs entdeckt:

....

....

....

....

Das war ein bisschen doof:

Das fand ich super:

Hier kannst du ein Foto von der Tour einkleben oder etwas malen.

MEINE TOUR

Hierhin bin ich gewandert: ....

An dem Tag war ich unterwegs: ....

So hoch und so weit bin ich gelaufen: ....

So lange habe ich gebraucht: ....

Kreuze das Wetter an!

Mit dabei waren: ....

....

Da habe ich Pause gemacht (kringele ein):

Das war lecker: ....

....

Das habe ich unterwegs entdeckt:

....

....

....

....

Das war ein bisschen doof:

....

....

Das fand ich super:

....

....

....

....

Hier ist Platz für einen Hüttenstempel.

Das habe ich auf der Tour sonst noch erlebt:

Hier kannst du Fotos von der Tour einkleben oder etwas malen.

Meine Tour

Hierhin bin ich gewandert: ....

An dem Tag war ich unterwegs: ....

So hoch und so weit bin ich gelaufen: ....

So lange habe ich gebraucht: ....

Kreuze das Wetter an!

Mit dabei waren: ....

....

Hier kannst du ein Foto von der Tour einkleben oder etwas malen.

Da habe ich Pause gemacht (kringele ein):

Das war lecker:

Das habe ich unterwegs entdeckt:

Das war ein bisschen doof:

Das fand ich super:

Meine Tour

Hierhin bin ich gewandert: ....

An dem Tag war ich unterwegs: ....

So hoch und so weit bin ich gelaufen: ....

So lange habe ich gebraucht: ....

Kreuze das Wetter an!

Mit dabei waren: ....

....

Da habe ich Pause gemacht (kringele ein):

Das war lecker: ....

....

Das habe ich unterwegs entdeckt:

....

....

....

....

Das war ein bisschen doof:

Das fand ich super:

Hier kannst du ein Foto von der Tour einkleben oder etwas malen.

MEINE TOUR

Hierhin bin ich gewandert: ....

An dem Tag war ich unterwegs: ....

So hoch und so weit bin ich gelaufen: ....

So lange habe ich gebraucht: ....

Kreuze das Wetter an!

Mit dabei waren: ....

....

Hier ist Platz für einen Hüttenstempel.

Da habe ich Pause gemacht (kringele ein):

Das war lecker: ....

....

Das habe ich unterwegs entdeckt:

....

....

....

....

....

Das war ein bisschen doof:

....

....

Das fand ich super:

....

....

....

....

Das habe ich auf der Tour sonst noch erlebt:

Hier kannst du Fotos von der Tour einkleben oder etwas malen.

Pflanzen am Berg

Alle möchten überleben

Am Berg wirst du gerade in den Monaten Mai und Juni ganz viele Blumen auf den Wiesen finden. Sie sind dort viel bunter und farbiger, und es wachsen wahrscheinlich ganz andere Blumen als bei dir im Garten.

Das hat natürlich seinen Grund. Hier oben am Berg müssen sich alle Pflanzen und übrigens auch die Tiere viel mehr an ihre Umgebung anpassen als im Tal. Das Leben am Berg ist ja nicht so einfach: Es herrscht z.B. viel länger Winter am Berg. Schnee und Eis können locker mal bis Ende Mai liegen bleiben. Je höher du hinauf gehst, umso länger hält sich der Schnee. Aber nicht nur die Kälte macht den Pflanzen zu schaffen. Oft liegt ja gar nicht genug braune Erde auf dem Boden und die Pflanzen müssen versuchen einen Platz zwischen den vielen Felsen und Steinen zu finden, um überhaupt mit ihren Wurzeln etwas Nahrung aus der Erde zu bekommen. Das ist alles ganz schön schwierig und eigentlich möchten Pflanzen ja nur eines: Sie möchten sich vermehren, damit im nächsten Jahr noch mehr Blumen blühen.

Damit ihnen das gelingt, haben sich die Pflanzen auf dem Berg etwas einfallen lassen: Sie sind einfach schneller. Das bedeutet, sobald die Sonne im Frühjahr den Boden erwärmt, legen sie ganz schnell los mit dem Wachsen. Manche davon fangen schon unter der Schneedecke damit an. Und kaum ist der Schnee etwas verschwunden, beeilen sie sich. Sie fangen wunderschön zu blühen an, eine Blume prächtiger in der Farbe als die andere, denn sie wollen ja auch unbedingt viele Insekten anlocken. Diese brauchen sie für die Bestäubung, denn nur so können die meisten Samen bilden und sich fortpflanzen.

Trotz all dieser Tricks ist es für viele Pflanzen schwere Arbeit zu überleben. Deshalb gibt

es gerade am Berg einige Blumen und Pflanzen, die es nicht mehr häufig gibt. Sie sind ganz selten geworden. Um diese kümmern sich die Naturschützer und natürlich auch du. Und wenn du jetzt fragst, was du tun musst, ist die Antwort ganz einfach: Man muss sie nur in Ruhe lassen.
So seltene Pflanzen gelten als geschützt. Das bedeutet, dass man sie auf keinen Fall pflücken oder kaputt machen darf.
Jetzt ist es nur noch schwer zu erkennen, welche der Pflanzen am Berg selten und somit geschützt sind. Am besten fragst du deine Eltern, bevor du welche abpflückst, denn gerade am Berg sind es ganz schön viele, die man nicht nehmen darf.

Deine erste Pflanzensammlung

Bei den Pflanzen, wo du und deine Eltern sich ganz sicher sind, kannst du anfangen dir ein erstes Alpinblumen-Herbarium anzulegen. Herbarium ist der Fachbegriff für eine Sammlung getrockneter Pflanzen. Ganz vorsichtig musst du die Blume jetzt erst einmal vom Berg ins Tal schaffen. Zu Hause legst du die Pflanze ganz flach zwischen zwei weiße Blätter und achtest darauf, dass sich keine der Pflanzenteile dabei überschneiden. Nur so bekommst du später besonders schöne getrocknete Exemplare. Lege die beiden weißen Blätter zwischen ein schweres Buch (z.B. Telefonbuch) und stelle am besten noch ein paar andere Bücher oben auf. Dann musst du Geduld haben und ca. 3 Tage warten. Erst dann sind die Blumen trocken, und du kannst sie z.B. vorsichtig in dieses Tourenbuch einkleben. Zu einem Herbarium gehört aber eigentlich auch eine Beschriftung. So musst du dir noch Mühe geben und herausfinden, wie die Blume heißt. Den Namen und vielleicht den Fundort mit Datum schreibst du dann noch dazu.

Mein Bergblumen-Herbarium

Mein Foto von geschützten Pflanzen

Einige der bekanntesten Alpenblumen, wie der blaue Enzian oder sein kleinerer Verwandter das Schusternagerl´ oder das berühmte Edelweiß sind natürlich streng geschützt. Alle Orchideenarten, zu denen der Frauenschuh, er sieht wie eine dicke gelbe Pantoffel aus, oder das Knabenkraut gehören, stehen unter Schutz. Aber auch die rosafarbene Alpenrose, die relativ häufig vorkommt und manchmal ganze Hänge überwuchert, ist geschützt.
Pflücken darfst du für dein Herbarium z.B. diese Blumen: den gelben Hahnenfuß, die weiße Margerite, das Wiesenschaumkraut, die blaue Glockenblume, die Schafgarbe, den Hornklee oder die lila Lichtnelken.

Hier kannst du deine getrockneten Blumen einkleben.

Meine Tour

Hierhin bin ich gewandert: ....

An dem Tag war ich unterwegs: ....

So hoch und so weit bin ich gelaufen: ....

So lange habe ich gebraucht: ....

Kreuze das Wetter an!

Mit dabei waren: ....

....

Da habe ich Pause gemacht (kringele ein):

Das war lecker: ....

....

Das habe ich unterwegs entdeckt:

....

....

....

....

Das war ein bisschen doof:

Das fand ich super:

Hier kannst du ein Foto von der Tour einkleben oder etwas malen.

Meine Tour

Hierhin bin ich gewandert: ....

An dem Tag war ich unterwegs: ....

So hoch und so weit bin ich gelaufen: ....

So lange habe ich gebraucht: ....

Kreuze das Wetter an!

Mit dabei waren: ....

....

Hier kannst du ein Foto von der Tour einkleben oder etwas malen.

Da habe ich Pause gemacht (kringele ein):

Das war lecker: ……………………………………………………………

……………………………………………………………………………

Das habe ich unterwegs entdeckt:

……………………………………………………………………………

……………………………………………………………………………

……………………………………………………………………………

……………………………………………………………………………

……………………………………………………………………………

Das war ein bisschen doof:

……………………………………………………………………………

……………………………………………………………………………

Das fand ich super:

……………………………………………………………………………

……………………………………………………………………………

……………………………………………………………………………

……………………………………………………………………………

Meine Tour

Hierhin bin ich gewandert: ....

An dem Tag war ich unterwegs: ....

So hoch und so weit bin ich gelaufen: ....

So lange habe ich gebraucht: ....

Kreuze das Wetter an!

Mit dabei waren: ....

....

Hier ist Platz für einen Hüttenstempel.

Da habe ich Pause gemacht (kringele ein):

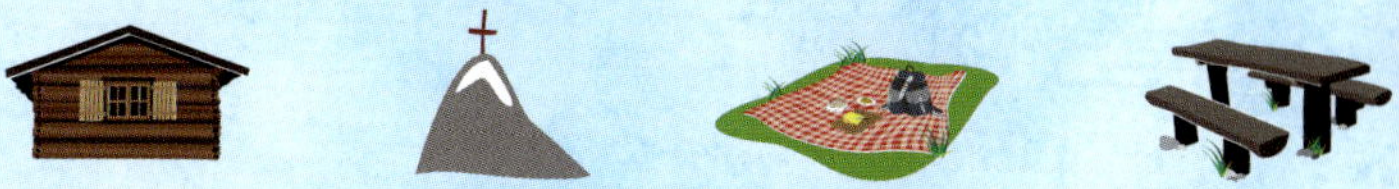

Das war lecker: ....

....

Das habe ich unterwegs entdeckt:

....

....

....

....

....

Das war ein bisschen doof:

....

....

Das fand ich super:

....

....

....

....

Das habe ich auf der Tour sonst noch erlebt:

Hier kannst du Fotos von der Tour einkleben oder etwas malen.

MEINE TOUR

Hierhin bin ich gewandert: ....

An dem Tag war ich unterwegs: ....

So hoch und so weit bin ich gelaufen: ....

So lange habe ich gebraucht: ....

Kreuze das Wetter an!

Mit dabei waren: ....

....

Da habe ich Pause gemacht (kringele ein):

Das war lecker: ....

....

Das habe ich unterwegs entdeckt:

....

....

....

....

Das war ein bisschen doof:

Das fand ich super:

Hier kannst du ein Foto von der Tour einkleben oder etwas malen.

MEINE TOUR

Hierhin bin ich gewandert: ....

An dem Tag war ich unterwegs: ....

So hoch und so weit bin ich gelaufen: ....

So lange habe ich gebraucht: ....

Kreuze das Wetter an!

Mit dabei waren: ....

....

Da habe ich Pause gemacht (kringele ein):

Das war lecker: ....

....

Das habe ich unterwegs entdeckt:

....

....

....

....

Das war ein bisschen doof:

Das fand ich super:

Hier kannst du ein Foto von der Tour einkleben oder etwas malen.

MEINE TOUR

Hierhin bin ich gewandert: ....

An dem Tag war ich unterwegs: ....

So hoch und so weit bin ich gelaufen: ....

So lange habe ich gebraucht: ....

Kreuze das Wetter an!

Mit dabei waren: ....

....

Da habe ich Pause gemacht (kringele ein):

Das war lecker: ....

....

Das habe ich unterwegs entdeckt:

....

....

....

....

Das war ein bisschen doof:

Das fand ich super:

Hier ist Platz für einen Hüttenstempel.

Das habe ich auf der Tour sonst noch erlebt:

Hier kannst du Fotos von der Tour einkleben oder etwas malen.

Meine Tour

Hierhin bin ich gewandert:

An dem Tag war ich unterwegs:

So hoch und so weit bin ich gelaufen:

So lange habe ich gebraucht:

Kreuze das Wetter an!

Mit dabei waren:

Da habe ich Pause gemacht (kringele ein):

Das war lecker:

Das habe ich unterwegs entdeckt:

Das war ein bisschen doof:

Das fand ich super:

Hier kannst du ein Foto von der Tour einkleben oder etwas malen.

MEINE TOUR

Hierhin bin ich gewandert: ....

An dem Tag war ich unterwegs: ....

So hoch und so weit bin ich gelaufen: ....

So lange habe ich gebraucht: ....

Kreuze das Wetter an!

Mit dabei waren: ....

....

Hier kannst du ein Foto von der Tour einkleben oder etwas malen.

Da habe ich Pause gemacht (kringele ein):

Das war lecker:

Das habe ich unterwegs entdeckt:

Das war ein bisschen doof:

Das fand ich super:

Das solltest du wissen!

Wer wandert, muss sich auch an einige Regeln halten. Die sind aber nicht schwierig, und du wirst sie dir bestimmt merken können.

1 Bleib auf dem Weg! Das ist ganz wichtig, denn oft kürzen Leute, die es nicht wissen, die Wege ab und gehen mitten durch das Gelände, weil sie meinen, dass das schneller ist. Du bist jedoch schlauer und weißt, wie schnell am Berg die empfindliche Erdoberfläche zerstört werden kann. Da reichen schon ein paar Fußabdrücke und Trittspuren aus, um das Gras zu zerstören und so den Weg ins Rutschen zu bringen.

2 Nimm deinen Müll wieder mit! Am Berg gibt es keine Müllabfuhr. Deshalb musst du alles, aber auch wirklich alles wieder mit ins Tal nehmen. Selbst der Senner auf der Alm muss seinen Abfall ins Tal schleppen. Das schaffst du auch, du hast ihn ja auch hochgebracht.

3 Keine Steine werfen! Am Berg darfst du nicht mit Steinen werfen. Höchstens, wenn du sie in einen Bach oder Fluss wirfst. Von oben darfst du aber nie irgendwo etwas hinunter werfen. Du kannst nie wissen, ob nicht unter dir gerade andere Wanderer gehen. Ein kleiner Stein kann auch ganz schnell größere Steine mit sich reißen und da kannst du dir gut vorstellen, wie gefährlich das werden kann.

4 Nicht laut sein! Natürlich darf man lachen, ratschen oder auch mal singen. Aber wer am Berg ganz laut rumschreit und brüllt, wird niemals größere Tiere zu sehen bekommen und nur alle erschrecken und vertreiben.

5 Keine geschützten Pflanzen pflücken, abreißen oder zerstören! Das wäre einfach sehr traurig, denn dann werden sie nicht mehr wachsen und derjenige, der nach dir auf den Berg geht, kann sie nicht mehr bewundern.

6 Nicht bergab rennen! Natürlich kannst du bergab gehen und auch mal schneller unterwegs sein, aber richtig schnell laufen und sausen solltest du bergab besser nicht! Da wird man nämlich gerne zu schnell und hat sich nicht so gut unter Kontrolle, und bevor du dich versiehst, liegst du plumpsdiwumps auf der Nase.

7 Jacke nicht vergessen! Auch wenn die Sonne noch so sehr scheint, nimm immer eine kleine Jacke oder einen Pulli im Rucksack mit. Egal wo du wanderst, es kann immer schnell mal kühl werden, im Wald, am Wasserfall oder auch am Gipfel, wenn der Wind pfeift. Wer friert, hat keinen Spaß beim Wandern!

8 Nimm Rücksicht auf deine Eltern! Am Berg sollte man unbedingt zusammen bleiben. Wenn deine Eltern also ein bisschen müde werden, dann laufe nicht zu weit voraus. Nur im sicheren Gelände und auch dann musst du spätestens an der nächsten Weggabelung auf sie warten. Natürlich kannst du ihnen auch mit ein paar aufmunternden Worten weiter helfen: »Ihr schafft das schon und es ist sicherlich nicht mehr weit!«, motiviert sie bestimmt ungemein.

Meine Tour

Hierhin bin ich gewandert: ....

An dem Tag war ich unterwegs: ....

So hoch und so weit bin ich gelaufen: ....

So lange habe ich gebraucht: ....

Kreuze das Wetter an!

Mit dabei waren: ....

....

Da habe ich Pause gemacht (kringele ein):

Das war lecker: ....

....

Das habe ich unterwegs entdeckt:

....

....

....

....

Das war ein bisschen doof:

....

....

Das fand ich super:

....

....

....

....

Hier ist Platz für einen Hüttenstempel.

Das habe ich auf der Tour sonst noch erlebt:

Hier kannst du Fotos von der Tour einkleben oder etwas malen.

MEINE TOUR

Hierhin bin ich gewandert: ....

An dem Tag war ich unterwegs: ....

So hoch und so weit bin ich gelaufen: ....

So lange habe ich gebraucht: ....

Kreuze das Wetter an!

Mit dabei waren: ....

....

Hier kannst du ein Foto von der Tour einkleben oder etwas malen.

Da habe ich Pause gemacht (kringele ein):

Das war lecker:

Das habe ich unterwegs entdeckt:

Das war ein bisschen doof:

Das fand ich super:

MEINE TOUR

Hierhin bin ich gewandert: ....

An dem Tag war ich unterwegs: ....

So hoch und so weit bin ich gelaufen: ....

So lange habe ich gebraucht: ....

Kreuze das Wetter an!

Mit dabei waren: ....

....

Da habe ich Pause gemacht (kringele ein):

Das war lecker: ....

....

Das habe ich unterwegs entdeckt:

....

....

....

....

Das war ein bisschen doof:

Das fand ich super:

Hier kannst du ein Foto von der Tour einkleben oder etwas malen.

MEINE TOUR

Hierhin bin ich gewandert: ....

An dem Tag war ich unterwegs: ....

So hoch und so weit bin ich gelaufen: ....

So lange habe ich gebraucht: ....

Kreuze das Wetter an!

Mit dabei waren: ....

....

Hier ist Platz für einen Hüttenstempel.

Da habe ich Pause gemacht (kringele ein):

Das war lecker: ....

....

Das habe ich unterwegs entdeckt:

....

....

....

....

....

Das war ein bisschen doof:

....

....

Das fand ich super:

....

....

....

....

Das habe ich auf der Tour sonst noch erlebt:

Hier kannst du Fotos von der Tour einkleben oder etwas malen.

MEINE TOUR

Hierhin bin ich gewandert: ……………………………………

An dem Tag war ich unterwegs: ……………………………………

So hoch und so weit bin ich gelaufen: ……………………………

So lange habe ich gebraucht: ……………………………………

Kreuze das Wetter an!

Mit dabei waren: ……………………………………………

……………………………………………………………

Da habe ich Pause gemacht (kringele ein):

Das war lecker: ……………………………………………

……………………………………………………………

Das habe ich unterwegs entdeckt:

……………………………………………………………

……………………………………………………………

……………………………………………………………

……………………………………………………………

Das war ein bisschen doof:

....

....

Das fand ich super:

....

....

....

....

Hier kannst du ein Foto von der Tour einkleben oder etwas malen.

MEINE TOUR

Hierhin bin ich gewandert: ……………………………………………

An dem Tag war ich unterwegs: ……………………………………

So hoch und so weit bin ich gelaufen: ……………………………

So lange habe ich gebraucht: ………………………………………

Kreuze das Wetter an!

Mit dabei waren: ……………………………………………………

……………………………………………………………………………

Hier kannst du ein Foto von der Tour einkleben oder etwas malen.

Da habe ich Pause gemacht (kringele ein):

Das war lecker: ……………………………………………………

……………………………………………………………………

Das habe ich unterwegs entdeckt:

……………………………………………………………………

……………………………………………………………………

……………………………………………………………………

……………………………………………………………………

……………………………………………………………………

Das war ein bisschen doof:

……………………………………………………………………

……………………………………………………………………

Das fand ich super:

……………………………………………………………………

……………………………………………………………………

……………………………………………………………………

……………………………………………………………………

MEINE TOUR

Hierhin bin ich gewandert: ....

An dem Tag war ich unterwegs: ....

So hoch und so weit bin ich gelaufen: ....

So lange habe ich gebraucht: ....

Kreuze das Wetter an!

Mit dabei waren: ....

....

Da habe ich Pause gemacht (kringele ein):

Das war lecker: ....

....

Das habe ich unterwegs entdeckt:

....

....

....

....

Das war ein bisschen doof:

Das fand ich super:

Hier ist Platz für einen Hüttenstempel.

Das habe ich auf der Tour sonst noch erlebt:

Hier kannst du Fotos von der Tour einkleben oder etwas malen.

Die Tiere der Alpen

Gämse in den Felsen und Rotwild im Wald

Du kannst dich freuen. Wer auf den Berg geht, kann dort Tiere entdecken, die es im Tal nicht gibt und die man sonst nur in einem Zoo oder während eines Tierfilms sehen kann.
Du darfst aber nicht enttäuscht sein, wenn es nicht so leicht ist, diese Tiere zu beobachten.

Die Tiere sind ja nicht in einem Streichelzoo und schon gar nicht warten sie extra auf uns Wanderer. Viel eher sind die Tiere überaus vorsichtig. Sie sind Meister darin, sich zu verstecken und in Deckung zu gehen. Das hat natürlich einen Grund: Sie wollen sich vor allem vor ihren Feinden schützen.
Trotzdem musst du nicht Angst haben, dass du keine Tiere sehen wirst. Du musst nur genau hinsehen. Vielleicht hast du schon ein Fernglas, dann kannst du die Tiere besser sehen. Eine gute Gelegenheit, Tiere zu entdecken, ergibt sich manchmal oben am Gipfel, wenn du in ein steiniges Felskar hinunterschauen kannst. Durch diese steilen Kare führt meistens kein Weg und so fühlen sich die Gämsen vor uns Menschen sicher. Es ist unglaublich, wie wild sie über die Felsen springen. Hirsche und Rehe gibt es eigentlich genügend in den Bergen, doch du wirst kaum einen zu Gesicht bekommen. Normalerweise verschlafen sie den ganzen Tag in einem Dickicht und kommen erst am Abend, wenn alles ganz ruhig geworden ist, heraus um zu fressen. Einen echten Adler zu entdecken ist fast genauso schwierig wie auf einen Steinbock zu treffen. Beide gibt es nur auf ganz bestimmten Bergen und daran kannst du sehen wie selten diese geworden sind. Viel besser als der Adler ist jedoch die schwarze

Bergdohle mit ihrem gelben Schnabel. Mit der kannst du Spaß haben. Je nachdem, wie zutraulich sie mittlerweile Wanderern gegenüber geworden ist, kann so eine Bergdohle ganz schön frech werden. Gerade am Gipfel, wenn du Brotzeit machen möchtest, trauen sich manche ganz nahe zu dir und betteln um Essen. Ein Stück Apfel ist in Ordnung, aber du darfst sie auf keinen Fall mit Süßigkeiten füttern.
Aber vergiss einmal die großen Tiere. Das Tolle an den kleineren Tieren ist, dass meistens mehr von ihnen unterwegs sind.

Alle Achtung!

Um z.B. ein Murmeltier zu sehen, musst du zuerst die Ohren spitzen. Es kann sein, dass du, wenn du aus einem Wald auf eine Wiese kommst, plötzlich ein ganz schrilles lautes Pfeifen hörst. Dann kannst du ziemlich sicher sein, dass es hier Murmeltiere gibt. Eine Murmeltierfamilie hat immer einen Wächter, der meist hoch oben auf einem Hügel oder einem Stein sitzt. Wenn dieser Gefahr wittert, dann stößt er einen schrillen Warnpfiff aus und schneller als du schauen kannst, sind alle Murmelen in ihren Erdlöchern verschwunden. Jetzt hilft dir nur Geduld. Du kannst dich ins Gras setzen und musst warten. Vor allem muss man ganz leise sein und darf sich nicht bewegen, sonst beginnt die Wartezeit wieder von vorne. Wenn ihr dann etwas Glück habt, kommen die Murmeltiere wieder aus ihrem Bau und ihr könnt sie beobachten. Aber Vorsicht, bei der geringsten Bewegung kommt wieder der Pfiff und weg sind sie.

Da wimmelt es

Aber es gibt noch andere Tiere, die sich beobachten lassen. Am Berg leben Eidechsen, meist an trockenen Steinmauern oder im Sonnen beschienen Wald. Es gibt sogar Frösche hier oben, die findest du an kleinen Bergseen und Tümpeln. Einen Feuersalamander zu finden ist auch sehr schwer, denn sie sind wirklich selten geworden, aber es gibt sie. Sie leben unter Steinen und man kann sie eigentlich nur zufällig sehen, wenn sie auf Nahrungssuche unterwegs sind. Die kleinen braunen Bergmolche mit ihrem Schwanz sind da schon leichter zu entdecken.

Im Wald dagegen kannst du riesengroße hohe Ameisenhaufen sehen. Hier wohnt die Putzkolonne des Waldes, die tote Tiere in der weiten Umgebung aufspürt, sie in winzig kleine Stücke zerlegt und damit ihre Brut weit unten im Bau füttert. Immer wieder gibt es unvernünftige Menschen, die mit einem Stock in diesen Ameisenhaufen stochern. Das ist so gemein, denn damit zerstören sie den empfindlichen Lebensraum der Ameisen.

Almtiere

Das waren jetzt alles Tiere, die in der freien Wildnis am Berg leben. Aber sicherlich triffst du in den Sommermonaten auch auf jede Menge interessante Haustiere, die ihren Urlaub auf dem Berg verbringen. Auf den vielen Almen leben Kühe mit ihren Kälbern, Schafe, Ziegen, manchmal auch Pferde, Ponys und Esel.

Haustiere wie Kühe oder Schafe werden natürlich nicht wirklich in den Urlaub auf den Berg geschickt. Das hat einen ganz anderen Grund. Früher musste man jedes bisschen Gras, das irgendwo wuchs, als Futter für Tiere verwenden. Deshalb schickte und schickt man bis heute während der Sommermonate die Tiere auf den Berg. Dort gibt es dann einen Senner oder eine Sennerin, die in einer Almhütte leben und auf sie aufpassen. Das Gras im Tal wird in dieser Zeit auch gemäht, man bringt es aber lieber als Winterfutter in Form von Heu in den Stall. Aber im Sommer gibt es eben auch viele gesunde Pflanzen oben am Berg und die will man für seine Haustiere nutzen, denn dann schmeckt die Milch gleich doppelt so lecker. Davon kannst du dich, wenn du bei einer Almhütte mit Milchkühen vorbeikommst, selbst überzeugen.
Im Herbst dürfen die Tiere dann wieder ins Tal. Das gibt dann jedes Mal ein großes Fest, das Almabtrieb genannt wird. Dazu bekommen die Tiere sogar einen hübschen, bunten Kopfschmuck aufgesetzt, aber nur, wenn keines der Tiere einen Unfall hatte und alle wieder heil im Tal ankommen.

MEINE TOUR

Hierhin bin ich gewandert: ……………………………………

An dem Tag war ich unterwegs: ……………………………………

So hoch und so weit bin ich gelaufen: ……………………………

So lange habe ich gebraucht: ……………………………………

Kreuze das Wetter an!

Mit dabei waren: ……………………………………………

……………………………………………………………

Da habe ich Pause gemacht (kringele ein):

Das war lecker: ……………………………………………

……………………………………………………………

Das habe ich unterwegs entdeckt:

……………………………………………………………

……………………………………………………………

……………………………………………………………

……………………………………………………………

Das war ein bisschen doof:

....

....

Das fand ich super:

....

....

....

....

Hier kannst du ein Foto von der Tour einkleben oder etwas malen.

Meine Tour

Hierhin bin ich gewandert: ....

An dem Tag war ich unterwegs: ....

So hoch und so weit bin ich gelaufen: ....

So lange habe ich gebraucht: ....

Kreuze das Wetter an!

Mit dabei waren: ....

....

Da habe ich Pause gemacht (kringele ein):

Das war lecker: ....

....

Das habe ich unterwegs entdeckt:

....

....

....

....

Das war ein bisschen doof:

Das fand ich super:

Hier kannst du ein Foto von der Tour einkleben oder etwas malen.

MEINE TOUR

Hierhin bin ich gewandert: ....

An dem Tag war ich unterwegs: ....

So hoch und so weit bin ich gelaufen: ....

So lange habe ich gebraucht: ....

Kreuze das Wetter an!

Mit dabei waren: ....

....

Hier ist Platz für einen Hüttenstempel.

Da habe ich Pause gemacht (kringele ein):

Das war lecker:

Das habe ich unterwegs entdeckt:

Das war ein bisschen doof:

Das fand ich super:

Das habe ich auf der Tour sonst noch erlebt:

Hier kannst du Fotos von der Tour einkleben oder etwas malen.

MEINE TOUR

Hierhin bin ich gewandert: ....

An dem Tag war ich unterwegs: ....

So hoch und so weit bin ich gelaufen: ....

So lange habe ich gebraucht: ....

Kreuze das Wetter an!

Mit dabei waren: ....

....

Da habe ich Pause gemacht (kringele ein):

Das war lecker: ....

....

Das habe ich unterwegs entdeckt:

....

....

....

....

Das war ein bisschen doof:

Das fand ich super:

Hier kannst du ein Foto von der Tour einkleben oder etwas malen.

MEINE TOUR

Hierhin bin ich gewandert: ....

An dem Tag war ich unterwegs: ....

So hoch und so weit bin ich gelaufen: ....

So lange habe ich gebraucht: ....

Kreuze das Wetter an!

Mit dabei waren: ....

....

Hier kannst du ein Foto von der Tour einkleben oder etwas malen.

Da habe ich Pause gemacht (kringele ein):

Das war lecker: ....

....

Das habe ich unterwegs entdeckt:

....

....

....

....

....

Das war ein bisschen doof:

....

....

Das fand ich super:

....

....

....

....

MEINE TOUR

Hierhin bin ich gewandert: ....

An dem Tag war ich unterwegs: ....

So hoch und so weit bin ich gelaufen: ....

So lange habe ich gebraucht: ....

Kreuze das Wetter an!

Mit dabei waren: ....

....

Da habe ich Pause gemacht (kringele ein):

Das war lecker: ....

....

Das habe ich unterwegs entdeckt:

....

....

....

....

Das war ein bisschen doof:

....

....

Das fand ich super:

....

....

....

....

Hier ist Platz für einen Hüttenstempel.

Das habe ich auf der Tour sonst noch erlebt:

Hier kannst du Fotos von der Tour einkleben oder etwas malen.

Meine Tour

Hierhin bin ich gewandert: ....

An dem Tag war ich unterwegs: ....

So hoch und so weit bin ich gelaufen: ....

So lange habe ich gebraucht: ....

Kreuze das Wetter an!

Mit dabei waren: ....

....

Hier kannst du ein Foto von der Tour einkleben oder etwas malen.

Da habe ich Pause gemacht (kringele ein):

Das war lecker:

Das habe ich unterwegs entdeckt:

Das war ein bisschen doof:

Das fand ich super:

Bergwitze

Treffen sich zwei Bergsteiger. Sagt der eine: »Grüß Gott«. Sagt der andere: »Och, so hoch wollte ich eigentlich gar nicht gehen ...«

Ein Bergsteiger rutscht aus und kann sich grad noch an einem winzigen Felsvorsprung festhalten. Als seine Kräfte nachlassen, blickt er verzweifelt zum Himmel und fragt: »Ist da jemand?«,
»Ja.«
»Was soll ich tun?«
»Sprich ein Gebet und lass los.«
Der Bergsteiger überlegt kurz: »Ist da noch jemand?«

Ein Preuße trifft einen Bayer:
»Ach entschuldigen Sie bitte, wie heißt denn der Berg da ?«
»Wosfiaoana?«
»Ach Dankeschön!«

Wer hat das Jodeln erfunden? Die Japaner natürlich! Als ihnen das Radio in eine Schlucht fiel, sagte der eine zum anderen: »Hol du die Ladio!«

Eine verschneite Berghütte. Es klopft. Der Mann öffnet. Keiner da. »Hallo, hier unten!« Dort sitzt eine kleine Schnecke. Der Mann nimmt die Schnecke und wirft sie weit weg. Zwei Jahre später. Es klopft. Der Mann öffnet. Da sitzt die Schnecke: »Was war das denn eben ...?«

Der Tourist auf der Alm zu dem Bergbauern: »Wie herrlich, dieses saftige Grün auf den Weiden. So richtig frisch.« Der Bauer: »Grasen Sie ruhig. Für de Küh bleibt gnua übrig!«

Gehen zwei Zahnstocher auf den Berg. Steil ist es und sie kommen beide ins Schwitzen. Da läuft plötzlich ein Igel an ihnen vorbei. Sagt der eine Zahnstocher zum anderen: »Ja, wenn ich gewusst hätte, dass da ein Bus rauffährt ...«

Zwei Bergsteiger hängen in der Wand. Einer stürzt ab. Schreit der andere entsetzt hinterher: »Lebst du noch?« Eine dünne, ferne Stimme antwortet: »Ja ...« »Hast du dir wehgetan?« »Nein ...« »Warum nicht?« »Ich falle noooooooooooch ...«

MEINE TOUR

Hierhin bin ich gewandert: ....

An dem Tag war ich unterwegs: ....

So hoch und so weit bin ich gelaufen: ....

So lange habe ich gebraucht: ....

Kreuze das Wetter an!

Mit dabei waren: ....

....

Da habe ich Pause gemacht (kringele ein):

Das war lecker: ....

....

Das habe ich unterwegs entdeckt:

....

....

....

....

Das war ein bisschen doof:

Das fand ich super:

Hier kannst du ein Foto von der Tour einkleben oder etwas malen.

MEINE TOUR

Hierhin bin ich gewandert: ....

An dem Tag war ich unterwegs: ....

So hoch und so weit bin ich gelaufen: ....

So lange habe ich gebraucht: ....

Kreuze das Wetter an!

Mit dabei waren: ....

....

Hier ist Platz für einen Hüttenstempel.

Da habe ich Pause gemacht (kringele ein):

Das war lecker:

Das habe ich unterwegs entdeckt:

Das war ein bisschen doof:

Das fand ich super:

Das habe ich auf der Tour sonst noch erlebt:

Hier kannst du Fotos von der Tour einkleben oder etwas malen.

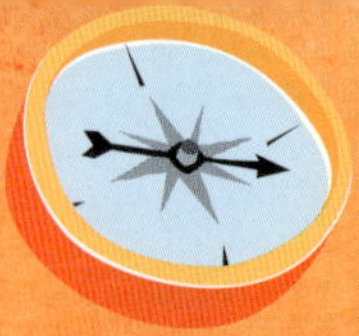

MEINE TOUR

Hierhin bin ich gewandert:

An dem Tag war ich unterwegs:

So hoch und so weit bin ich gelaufen:

So lange habe ich gebraucht:

Kreuze das Wetter an!

Mit dabei waren:

Da habe ich Pause gemacht (kringele ein):

Das war lecker:

Das habe ich unterwegs entdeckt:

Das war ein bisschen doof:

Das fand ich super:

Hier kannst du ein Foto von der Tour einkleben oder etwas malen.

MEINE TOUR

Hierhin bin ich gewandert: ....

An dem Tag war ich unterwegs: ....

So hoch und so weit bin ich gelaufen: ....

So lange habe ich gebraucht: ....

Kreuze das Wetter an!

Mit dabei waren: ....

....

Da habe ich Pause gemacht (kringele ein):

Das war lecker: ....

....

Das habe ich unterwegs entdeckt:

....

....

....

....

Das war ein bisschen doof:

....

....

Das fand ich super:

....

....

....

....

Hier kannst du ein Foto von der Tour einkleben oder etwas malen.

Meine Tour

Hierhin bin ich gewandert: ....

An dem Tag war ich unterwegs: ....

So hoch und so weit bin ich gelaufen: ....

So lange habe ich gebraucht: ....

Kreuze das Wetter an!

Mit dabei waren: ....

....

Da habe ich Pause gemacht (kringele ein):

Das war lecker: ....

....

Das habe ich unterwegs entdeckt:

....

....

....

....

Das war ein bisschen doof:

Das fand ich super:

Hier ist Platz für einen Hüttenstempel.

Das habe ich auf der Tour sonst noch erlebt:

Hier kannst du Fotos von der Tour einkleben oder etwas malen.

Meine Tour

Hierhin bin ich gewandert: ....

An dem Tag war ich unterwegs: ....

So hoch und so weit bin ich gelaufen: ....

So lange habe ich gebraucht: ....

Kreuze das Wetter an!

Mit dabei waren: ....

....

Hier kannst du ein Foto von der Tour einkleben oder etwas malen.

Da habe ich Pause gemacht (kringele ein):

Das war lecker:

Das habe ich unterwegs entdeckt:

Das war ein bisschen doof:

Das fand ich super:

MEINE TOUR

Hierhin bin ich gewandert: ....

An dem Tag war ich unterwegs: ....

So hoch und so weit bin ich gelaufen: ....

So lange habe ich gebraucht: ....

Kreuze das Wetter an!

Mit dabei waren: ....

....

Da habe ich Pause gemacht (kringele ein):

Das war lecker: ....

....

Das habe ich unterwegs entdeckt:

....

....

....

....

Das war ein bisschen doof:

Das fand ich super:

Hier kannst du ein Foto von der Tour einkleben oder etwas malen.

Die Entstehung der Alpen

Mit der Zeitmaschine 135 Millionen Jahre in die Vergangenheit

Wir begeben uns auf eine Reise durch die Zeit: Stell dir vor, du könntest fliegen und schaust von hoch oben auf die Erde herunter. Unter dir siehst du München oder den Ort, in dem du wohnst. Und wenn du am Mittag dorthin schaust, wo die Sonne steht, also nach Süden, siehst du Berge im Licht glänzen. Das sind die Alpen. Jetzt stellst du dir vor, du sitzt in einer Zeitmaschine und legst den Schalter um, mit dem du in die Vergangenheit zurücksausen kannst: Unten auf der Erde sind plötzlich alle Autos verschwunden. Je weiter du in der Zeit zurückreist, desto mehr Dörfer und Felder verschwinden, nicht einmal München ist mehr zu sehen.

Ein Urmeer und das Land der Dinosaurier

Wenn du noch kräftiger auf den Zeitschalter drückst, geht es viele Millionen Jahre zurück und plötzlich liegt unter dir ein riesengroßes Meer. Das lag damals genau an der Stelle, an der wir heute wohnen. In diesem Meer schwammen noch keine Fische, aber alle möglichen Tiere wie Muscheln und Belemniten, die schauen aus

wie stumpfe Speerspitzen oder spiralförmige Ammoniten, die sich mit einer harten Schale aus Kalk davor schützen, gefressen zu werden. Wenn diese Tiere sterben, dann sinken sie auf den Meeresboden ab, der aus Urgestein, also aus Gneis oder Granit besteht. Dort bildete sich so im Laufe der Jahrmillionen aus ihren Schalen eine Kalkschicht, die vielleicht 1000 m dick ist. Diese wirst du später noch einmal beobachten, wenn du wieder an dem Zeitschalter drehst, um in unsere Zeit zurück zu fliegen.

Aber zuerst interessiert dich etwas anderes, denn irgendwo muss es doch ein Ufer geben. Das suchst du jetzt und saust geradewegs nach Süden in die Richtung, in der du vorher die Alpen gesehen hast. Tatsächlich, noch ein Stück weiter findest du wieder festes Land, auf dem gewaltige Dinosaurier über die Erde stampfen. Du bist nun im Dino-Zeitalter angekommen.

Die Auffaltung der Alpen

Jetzt wundert dich bestimmt, wie aus dem Meer, über das du gerade eben geflogen bis, das feste Land entstand, indem du heute lebst. Also musst du den Zeitschalter ganz vorsichtig wieder in die andere Richtung drehen, in die heutige Zeit.

Jetzt kannst du sehen, wie sich das feste Land, viel später wird es Afrika heißen, langsam nach Norden bewegt. Dabei geschieht nichts anderes, als das, was wir auf jeder Baustelle beobachten, wenn mit einer Planierraupe Erde zusammen geschoben wird. Der Boden vor dem Raupenschild türmt sich auf, drei oder vier Meter hoch vielleicht. Wir beobachten aber einen ganzen Kontinent, der sich nach Norden schiebt. Also sind das nicht nur ein paar Meter, sondern gleich Kilometer, die aufgetürmt werden. Natürlich dauert das ganz lange, denn das Land bewegt sich ja nur langsam.

In deiner Zeitreise kannst du es gut sehen: Der Meeresgrund taucht aus dem Wasser auf und schiebt sich gewaltig in die Höhe. Als erstes sehen wir unsere Kalkschicht auftauchen, ein Stück weiter im Norden kommt die Urgesteinsschicht ans Tageslicht und dann wieder die Kalkschicht. Etwa 250 km breit ist die Strecke, auf der der Meeresboden von dem Kontinent Afrika nach oben gepresst wird. So breit sind die Alpen. Im Norden, also da wo wir wohnen, ist immer noch ein weites Meer.

Die Kraft des Wassers

Weiter fliegst du mit der Zeit und beobachtest etwas, was auch heute noch passiert. In den Bergen regnet es und das Wasser fließt über Bäche und Flüsse ins Tal. Dabei werden Steine und Erde mit geschwemmt und die eben aufgefalteten Berge werden schon wieder etwas kleiner. Damit die Berge entstehen können, war am Anfang die Auffaltung schneller als die Abtragung, nur so konnten sie in die Höhe wachsen. Irgendwann wurde die Wanderung des afrikanischen Kontinents nach Norden langsamer, so dass die Abtragung und das höher Schieben in etwa gleich schnell waren. So ist es auch heute. Afrika wandert immer noch nach Norden, aber nur ein ganz klein wenig. Das merkt man an den großen Erdbeben, die es manchmal in Italien gibt. Die Abtragung durch die Bäche und Flüsse sorgt umgekehrt dafür, dass die Alpen jetzt nicht noch höher wachsen.

Dieser Gesteinsschutt, den das Wasser aus den Bergen transportierte, füllte langsam das Meer im Norden auf. Das Meer floss ab, und es entstand die breite Ebene nördlich der Alpen, so rund um München.

Ohne Eiszeit kein Alpenvorland

Doch irgendetwas stimmt bei dieser Betrachtung noch nicht. Wenn Wasser Geröll ablagert, bildet sich eine breite, ziemlich ebene Fläche, zwischen der das Wasser fließt. Unser Land vor den Bergen besteht aber auch aus vielen Hügeln und nicht nur aus flachen Ebenen.
Der letzte Sprung zurück in die heutige Zeit führt uns zur Eiszeit. Damals, vor etwa drei Millionen Jahren, kühlte sich die Erde plötzlich ab. Es entstanden riesige Eismassen, die von den Bergen herunter bis weit ins heutige Alpenvorland hinein reichten. Zwischendurch wurde es wieder wärmer und das Eis zog sich zurück. Dieses vorschiebende Eis hat die vielen Hügel vor den Bergen aufgehäuft. In den Bergen hat dieses Eis nicht nur weite Täler ausgehobelt, sondern auch die ursprünglich felsigen und steilen Bergwände glatt geschliffen. Nur die höchsten Spitzen blieben unverändert. Die sind manchmal so steil und felsig, dass du kraxeln musst, denn die hatten aus den Eismassen herausgeschaut.
Jetzt kannst du die Zeitreise beenden und den Zeitschalter auf Null drehen. Mach dich auf und suche in den Bergen die Spuren der Vergangenheit!

Meine Touren

Hier kannst du jeweils den Namen des Berges und das Datum deiner geschafften Tour eintragen:

	Datum	Berg
1		
2		
3		
4		
5		
6		
7		
8		
9		
10		
11		
12		
13		
14		
15		
16		
17		
18		
19		
20		

21

22

23

24

25

26

27

28

29

30

31

32

33

34

35

36

37

38

39

40

41

42

43

44

Hier kannst du nach jeder geschafften Tour eine Zahl mit der Nächsten verbinden.

Ebenfalls erhältlich ...

ISBN 978-3-86246-073-1

Mit dem kleinen und größeren Nachwuchs Wanderabenteuer rund um München erleben. Die spannendsten Erlebnistouren verrät Ihnen dieser Führer.

ISBN 978-3-86246-092-2

Mit diesen Tourenideen bringen Sie Ihre Kleinen groß raus: 70 kurzweilige, erlebnisreiche Wanderabenteuer durch das Allgäu – für die komplette Familie

J. BERG

www.j-berg-verlag.de

Impressum

Verantwortlich: Susanne Kaufmann
Layout: Ulrike Huber
Repro: Cromika
Herstellung: Barbara Uhlig, Miriam Tönnes
Printed in Italy by Printer Trento

Sind Sie mit diesem Titel zufrieden? Dann würden wir uns über Ihre Weiterempfehlung freuen. Erzählen Sie es im Freundeskreis, berichten Sie Ihrem Buchhändler, oder bewerten Sie bei Onlinekauf. Und wenn Sie Kritik, Korrekturen, Aktualisierungen haben, freuen wir uns über Ihre Nachricht an J. Berg Verlag, Postfach 40 02 09, D-80702 München oder per E-Mail an lektorat@verlagshaus.de.

Unser komplettes Programm finden Sie unter www.j-berg-verlag.de

Autorenempfehlung
Sie sind auf der Suche nach weiterführender Literatur? Dann empfehlen wir Ihnen den Titel „Erlebnistouren für Zwergerl rund um München" von Robert Theml. Oder Sie werfen einen Blick in die Zeitschrift „Bergsteiger". Hier werden sie bestimmt fündig.
Lisa und Wilfried Bahnmüller

Bild- und Textnachweis:
Illustrationen: Ulrike Huber
Texte: Lisa und Wilfried Bahnmüller

Umschlagvorder- und Rückseite: Ulrike Huber unter Verwendung eines Bildes von © by-studio/Fotolia.com, Shutterstock/ Viktoria Pawlak, Hüttenstempel: Albert-Link-Hütte, Acherbergalm, Hintergrund: fotolia/© tinyal

Die Deutsche Nationalbibliothek verzeichnet diese Publikation in der Deutschen Nationalbibliografie; detaillierte bibliografische Daten sind im Internet über http://dnb.d-nb.de abrufbar.

Aktualisierte Neuauflage

ISBN 978-3-86246-383-1

Dieses Buch gehört:

Das bin ich.